Heloise

Ein kleiner Roman

Karoline von Woltmann

(Editor: Karl Ludwig von Woltmann)

Alpha Editions

This edition published in 2022

ISBN : 9789356894211

Design and Setting By
Alpha Editions
www.alphaedis.com
Email - info@alphaedis.com

Contents

Vorrede.

Im Jahr 1804 erschien ein liebliches Produkt, »Euphrosyne,« worin zarter und tiefer Geist die schönsten Geheimnisse des weiblichen Herzens ausgehaucht hatte.

Aber eine dürftige Fabel und nichtige männliche Charaktere waren eine unangenehme Erscheinung in dem reinen Aether, welcher durch genialisches Gefühl und gedankenvolle Phantasie hingeströmt war.

Jene herbe Masse ist nun hinweggenommen, und eine bestimmte Wirklichkeit ist nur in soweit angedeutet, als die Empfindung, derselben wie eines Anlasses bedarf, um sich auszusprechen. Das Gefühl ist sich hier selbst der Gegenstand, und das Heldenmäßige in dieser Dichtung ist nicht der Geliebte, sondern die Liebe.

Dadurch wird zugleich das tiefste Geheimniß des weiblichen Herzens verrathen, nämlich, daß es mehr um die Liebe, als den Geliebten sorget, es jener in ihrer schönen Eigenthümlichkeit bedarf und in ihr selig ist, wenn der Geliebte in der Wirklichkeit dem Bilde des zarten und tiefen Busens auch wenig entsprechen sollte.

Alles hat das weibliche Gemüth, welches hier redet, durch die Liebe begriffen, und diese ist das Genie, welches hier schaffet.

Das jugendliche Herz, dem zuerst eine Wirklichkeit gegeben wurde, aus welcher die Phantasie schlechterdings keinen Geliebten bilden konnte, giebt seine Liebe an die Natur und die Sehnsucht. Dadurch bekommt sie etwas Allgemeines und Wehmütiges, und so ist der Grundton der ganzen Dichtung angegeben, welcher selbst aus dem Jubel über den gefundenen Geliebten hervorhallt. Er bleibt wie ein Glockenklang, der von dem Grabe herkommt, in welches die Freuden dieser Liebe früh versinken sollen.

Selbst diesen Freuden entzieht sich die Geliebte, um der Freundin wohlzuthun. Das weibliche Gemüth kann die Wonne der Liebe, nur nicht die Liebe aufopfern, um Pflicht und Wohlwollen zu üben.

Die Sprache dieses Buchs ist wie die Liebe selbst. Heloise heißt seine Ueberschrift; denn dieser Name ist Symbol für die weibliche Liebe geworden.

Berlin im December 1808.

Woltmann.

I.

So hat denn der Tod das Band einer unglücklichen Ehe gelöset, und ich bin Wittwe, bin frei. Ist es Betrübniß, was ich empfinde? Die Freude wenigstens ist meinem Herzen ferner, als der Gram: ich bin sanft zur Wehmuth gestimmt.

Auch wenn man nicht glücklich im ehelichen Verhältniß war: so schlingen doch tausend Erinnerungen, worin des Gatten Bild verwebt ist, tausend kleine Gewohnheiten, die auf ihn Bezug hatten, ein Band um Vermählte, dessen Auflösung dem fühlenden Herzen schmerzlich wird. Das Licht der gesenkten, verlöschenden Fackel, fällt auf das Gute des Sterbenden, auf unser Unrecht gegen ihn; und der Schatten des Todes bedeckt seine Fehler. Ich habe nie am Abend meinen Gemahl verlassen können, wenn er mich beleidigt oder gekränkt hatte, ohne ihm versöhnt eine gute Nacht zu wünschen; und nun sollte er den langen Todesschlaf schlummern, ohne daß ich ihm vergäbe, ihn von ganzem Herzen beweinte? Ich habe nie seinen Tod gewünscht: das Gefühl des Daseyns, das ich am Busen der ewigen Natur dankbar mit jedem Athemzug der balsamischen Luft in meine Seele trank; das Geräusch der leisen ahnungsvollen Stimmen der lebendigen Schöpfung, das mich oft in Träume wiegte, und meinen Geist in schwellender Sehnsucht nach einem unbekannten Etwas, durch das weite Weltall hinauf zum Vater der Liebe trug; dies alles soll er nicht mehr empfinden? diese Luft nur das Gras auf seinem Hügel berühren? diese Töne sollen über sein Grab verklingen, ohne daß sie ihn wecken; und ich soll ihn nicht beklagen? mich nicht anklagen, daß durch mich sein Daseyn nie so süß ward, als ich es ihm hätte machen können? Nein, Guter! ich darf nicht sagen, Geliebter! wenn dein Geist von mir weiß, so nimm in meinen Thränen, in Deinem unentweihten Andenken, den letzten Zoll der Freundschaft, der Achtung!

Es ist mir, als müßte er in jenen Gefilden, eine Ahnung von meinem Kummer, und Freude daran haben. Wir alle scheiden doch ungern aus dem Lebensreiche, ohne betrauert zu werden; und sanft und freundlich geleitet der Gedanke an den Schmerz der Hinterlassenen, uns hinab in das stille Land des Friedens.

II.

Meine Lage wird sich verändern, und ungern vertausch ich das Land mit der Stadt, ungern meine stille Freiheit mit den Fesseln, worin die Gesellschaft mich schmieden wird. Hier sah ich Menschen, wann ich wollte, und kehrte in meine Einsamkeit wieder zurück, so bald es mir gefiel. Diejenigen, welche mich umgaben, waren lebendig genug, mich so lange zu fesseln, als sie gegenwärtig waren; doch ihre Abwesenheit ließ keine Leere in meiner Brust zurück. Ich fand mich immer gern selbst wieder, unter meinen Bäumen, meinen Blumen, am Busen meiner ewigen Freundin, der Natur. Wenn vor mir die Sonne groß und glänzend hinuntersank; wenn leichte Abendflocken sich um sie drängten, und von ihrem Scheideblick angelächelt, sanft verglühend durch den stillen Himmel zogen; vor mir alles Glanz und Glut war, und hinter mir das Thal von dunkelblauen Bergen eingeschlossen, in duftiger, ruhiger Dämmerung schwamm, wie eine schöne Vergangenheit; zu meiner Rechten der Strom den Abendhimmel in klaren Wellen zwischen den üppigen Ufern dahintrug: wie habe ich mich da selig, näher allem Großen und Guten gefühlt! Wie strebte mein innerstes Wesen, hinauszudringen aus dem Kerker, sich ganz in sie zu ergiessen, sie ganz zu fassen, die göttliche Natur. Diese Freuden muß ich nun entbehren, und welchen Ersatz beut mir die Stadt?

Ich bin ungerecht! komme ich nicht zu einer Freundin, die meine Jugend erzog?

Schönes Land, das ich verlasse, freundlicher Fluß, ahnungsvolle Berge, schönes himmlisches Land, ein Land der Sehnsucht wirst du mir seyn, wenn ich entfernt von dir nun leben werde.

III.

Jenen Augenblick vergessen? und wäre es möglich, sein Glück zu vergessen? Wie oft, in Gedanken, habe ich ihn aufs neue durchlebt; meine Seele hat ihn aus dem Flug der Zeit gerettet, und ewig festgehalten.

Es war der schönste Sommermorgen. Bunte Schmetterlinge flatterten im Sonnenstrahl zwischen dem klaren Himmel, und der tausendfarbigen Wiese umher, schwangen sich auf, und sanken nieder, wechselsweise vom Himmel und von der Erde angezogen. Ich schlich über die Wiese meinem Wäldchen zu. Lieblich spielte um mich das wechselnde Grün des Laubes, vom Winde durch einander bewegt, Vögel schlüpften durch die Zweige, ihr frischer abendtheuerlicher Waldgesang ertönte nah und fern, und unterbrach die Stille und das summende Geschwirr der Insekten. Und ich ließ mich von diesen Eindrücken allen, hinschaukeln in die selige Träumerei ihres

Genusses, dessen Fülle immer regsamer, und durch das ferne Murmeln des Waldbachs immer geistiger wurde.

Da lag der Held, über die Quelle gebeugt: mit den edlen Zügen gaukelten die Gewässer, und er löschte seinen Durst, den klaren Kristall mit der Hand schöpfend. Seine Flinte ruhte im Grase, und zwei schöne Doggen spielten um ihn her.

Ohne Theilnahme hatte ich von seinem Aufenthalt in der Gegend gehört. Ich sah ihn zum ersten mal, und doch war er mir, als hätte ich ihn schon lange gekannt. Er begleitete mich aus dem Gebüsch; als wir die Wiese erreicht hatten, verließ er mich mit großem Blick, und verschwand bald in den Bäumen.

Erst als er fort war, empfand ich die Leere, welche nun in mir war. Immer wiederhohlte ich mir seine Worte, und ahmte die liebe Stimme nach.

Er verließ die Gegend: ich sah ihn nicht wieder. O Theurer! wo du auch weilest, meine Seele ist bei dir!

IV.

Die Veränderlichkeit unsrer Empfindungen, unsrer Meinungen, unsrer Ansichten, ist mir der demüthigendste Beweis unsrer Unvollkommenheit. Julie hat zuerst meinen Geist gebildet, bis zu meinem sechzehnten Jahre blieb ich ihrer Leitung überlassen; und welchen Unterschied der Denkungsart haben sechs Jahre bewirkt. Vergebens berühre ich Saiten, deren Einklang mich einst beglückte, vergebens suche ich an ihrer Gestalt alle wohlbekannten Züge auf: sie ist ganz verändert, auch ich bin nicht mehr dieselbe. Herausgetreten ist sie in die Welt, ihr Ruhm hat sie schadlos gehalten für die Marter einer unglücklichen Ehe. Ihres Gatten Reichthum und Rang ersetzten ihr die Quaal seiner Unerträglichkeit; sie ist ihm treu, und allen ihren Pflichten.

Doch ein Gut verlangt das menschliche Herz, das seine Ansprüche auf Glückseligkeit befriedige, woran es mit ganzer Seele hange.

Der Mutter sind das Kinder; wenn alles für sie verloren ist, auf diese überträgt sie ihre Ansprüche, in diesen erblühn aufs Neue ihre Hoffnungen, ihre Freuden. Die Jugend, welche ihr Schicksal schon dahin genommen, besitzen ihre Lieblinge noch als Zukunft; dem sie entsagte, darauf dürfen ihre Kinder hoffen; sie segnet ihre Leiden, denn die Erfahrungen, welche sie damit erkauft hat, tragen Früchte für Jene.

Julie blieb kinderlos, und ihr Ansehen in dem Zirkel, der sie umgiebt, der allgemeine Ruf der Liebenswürdigkeit und Tugend, welcher ihr Haus zum Sammelplatz des ausgezeichneten Verdienstes, wie der ausgezeichneten

Thorheit macht, die Achtung, der Beifall der Herrschenden, haben sie für eheliches Glück, für Mutterfreuden schadlos halten müssen.

Auch mir ward beides nicht; doch wie verschieden war unsre Lage. Ich folgte dem Manne, den ich nicht liebte, nicht lieben konnte, auf ein einsames Landgut; mich entschädigte die Natur um mich her. Eine süße Schwärmerei, Sorgen für das Wohl meiner Unterthanen, und das Bild, das verschwebende Bild jenes Mannes, das bei mir vorüberzog, und eine unendliche Sehnsucht in mir zurückließ: sie haben mein Herz erfüllt, mich beschäftigt und beglückt. Ich kannte die Ruhe, und ich hatte sie nicht mit Leiden erkauft: wie duftige Wolkengebilde schwanden die Tage an mir vorüber, und jeder gewährte mir den unendlichen Genuß der Sehnsucht. Aus diesem Frieden eilte ich zu der Freundin, von der ich vor sechs Jahren mit allem Schmerz mich trennte, und sechs ereignißreiche Jahre liegen zwischen uns, die mit ihrem Wechsel und ihren Erinnerungen, unserem Wesen eine andre Richtung gaben.

V.

Das unerträgliche im ehelichen Leben sind nicht die großen Fehler, wozu eine heftige Leidenschaft verleitet; in ihnen ist eine Großheit, deren Gefühl die Phantasie unter den Leiden, welche von ihnen kommen, erhebet. Jene kleine Schwachheiten der Männer sind es, die immer wiederkehren, und in allen ihren Schattirungen, immer neu und zuwider sind; die das Gefühl verletzen, das Herz erkälten, jede schöne Blüte des Enthusiasmus vernichten, bis öde Leere an die Stelle des Wohlwollens tritt.

Stolz ist der allgemeine Hauptzug im Charakter der Männer, aber gemäß der Kraft des Gemüthes, wird er die Veranlaßung zu den größten, oder gemeinsten Handlungen. Der starke Mann erhebt durch seinen Stolz die edelsten Kräfte der Seele, wie die Eiche die edelsten Säfte der Erde hinauf in die Himmelsluft treibt. Bei dem Schwächling, von beschränkten Ansichten, von geringer Erregbarkeit, artet der Stolz in Starrsucht aus, oder in Selbsucht und Eitelkeit, und quält die Guten, welche ihm nahe sind, und gegen deren Einfluß ihn ein kaltes Herz schützt, zu welchem nur Schwächen führen.

VI.

Ich werde nie Gewalt über Menschen erlangen, die mir lieb sind. Julie hat keinen Einfluß auf meine Denkart, und doch folg' ich, aus Furcht ihr wehe zu thun, öfter ihrer Neigung als der meinigen. Sie legt so viel Gewicht auf die Kleinigkeiten der Gesellschaft, und ich so wenig; sie findet so ganz ihr Glück darin, ich muß ihr nachgeben, ich würde sie kränken, thät' ich es nicht, und opfere so wenig, es zu thun; — und doch, wie manche schöne Stunde bringe ich ihr zu Liebe in öder Gesellschaft hin, die ich wie gern und selig auf meinem einsamen Zimmer, mit meinen Erinnerungen, mit meinen Büchern verschwärmt hätte. Am liebsten kehrte ich zurück auf mein Landgut, aber Julie, deren Freundschaft der Gedanke unglücklich machen würde, daß man etwas über meine dortige Einsamkeit reden mögte, aus welchem Grunde sie auf mein Herkommen drang, hält mich hier zurück. Vergebens sehne ich mich nach der stillen Freiheit meiner Wälder, nach meinen ahnungsvollen Bergen, welche die Erde hinauf zum Himmel heben, auf deren starker Brust er liebend ruht.

VII.

Stille, mein Herz, er ist da! ich hab' ihn wieder, ich hab' ihn gesehen, ich werde ihn täglich sehen! — ihn sehen — o gütiger Himmel, wie reich an Freuden ist mein Daseyn! Hat sich meines Lebens schönster Traum verwirklicht?

VIII.

Es giebt kein himmlischeres Gefühl, als mit der Hoffnung eines Glückes erwachen. Hell und freundlich, ein ganzes kleines Leben, liegt der Tag vor uns da. Mit sehnender, lieblicher Unruhe tritt man rasch und freudig hinein, und jede kommende Stunde windet eine neue Blume in den schwellenden Freudenkranz, bis endlich die schönste erscheint, in der seine Nähe das überglückliche Wesen mit all ihrem Zauber ergreift. Wie erwartete ich den Nachmittag mit Sehnsucht: kein Augenblick verging, ohne das Bild dieser Stunde, ohne sein Bild! Bei jedem Wagen, der vorfuhr, bei jedem Tritt im Vorgemach, zuckte ein süßes Bangen durch meine Glieder, und fesselte den Athem in meiner Brust. Und als er kam! wie stürmte mein Herz, wie rang mein Bewußtseyn, wie war ich überwältigt von aller Liebe.

Und Julie empfing ihn kalt, und höflich wie jeden Fremden. Ihre Kälte gab mir Besonnenheit. Es giebt Gemüther, die auch nichts ergreift! nie überschreiten sie die Grenzen des Anstandes, und selbst das Herz treibt sie nicht darüber hinaus.

Er saß mir gegenüber, ich hörte seine Stimme, und wie ein mächtiger Strom ergriff mich ihr Umfang, ihre Gewalt. Die Gedanken schienen mir größer, kühner die Bilder, von seinen Tönen getragen. Seine Gestalt, wie erhaben! welche Glut auf seinen Wangen, seinen Lippen! Fest stand er, als sei die Erde sein Gebiet, das Haupt wiegte sich auf dem geschwungnen Halse, kühn und frei strebten die Augenbraunen über die großen Feuerblicke. Ich konnte mich nicht losreissen von dem Zauber der Hoheit; ich wollte sprechen, allein mir fehlte die Luft; und ein flüchtiges Roth, flog bei jedem einzelnen Wort, das ich sagte, ich fühlt' es, flammend über mein

Gesicht. Schweigend staunte ich ihn an, wie man dem Fluge des Adlers in den Wolken aus tiefem Thale nachschaut. Und als er fort war, — o welche Unruh, welches Treiben.

IX.

Ich habe alle Wesen lieber, seit er mir theuer ist. O! ich kann begreifen, wie ein höheres, unendlich höheres Wesen, als ich, mit diesem Gefühl Welten ins Daseyn rief, und erhält. Das Geheimniß der Schöpfung, der Gottheit ist mir enthüllt; meine Liebe trägt mich hinauf zu dem Gott der Liebe. Seinen Athem trink' ich in der reinen Himmelsluft, die meine Brust stärkt, wenn sie diese allmächtige Empfindung nicht mehr faßt. Es giebt eine Seligkeit, die keines Menschen Brust trüge, könnt' er sie nicht an deinem Herzen, unendlich liebende Natur, ergiessen, könnt' er sich nicht das Leblose damit zum Freund beseelen.

X.

Der schönste Herbstmorgen blickte vom Himmel. Wie ein duftiger weisser Schleier umhüllte Nebel die Stadt; je höher die Sonne stieg, desto glänzender ward er, und endlich traten golden die Thürme, und ferne Bergwipfel daraus hervor. Immer tiefer sank der Nebel, und wogte und ballte sich in den Thälern, zwischen den Bergen. Einzelne Massen riß der Wind loß, und trieb sie, wie luftige Geisterbilder durch den Aether. Bald war er verschwunden und glänzte in tausend kleinen Sonnen auf den Grashalmen. Laut schmetternd begrüßte das Hüfthorn den hellen Morgen.

Sein muthiges Roß stampfte und wieherte, Herz und Sinne waren frisch, Geist und Seele lebendig! Ach und seine Blicke, seine seligen Blicke, sagten sie nicht mehr als alle Sprache? O dürfte ich sie deuten. —

XI.

Der Garten war erleuchtet, und der Schein der Lampen spielte grün und golden an den Blättern. Im reinen Aether schwamm der Mond, und warf sein ruhiges Licht auf die geschmückte bewegliche Masse, die in den Gängen und Sälen wogte; und hell, als wäre der Tag hieher geflüchtet, schimmerte das Schloß und ertönte vom Wiederhall rauschender Freude. Nie hab' ich sonst den Tanz geliebt; er ist ein Fest der Liebe, sie allein verleiht ihm Sinn und Bedeutung. Aber welch ein Entzücken, von ihm und immer von ihm bemerkt dahin zu schweben, welch ein Meiden und Suchen, welche Freude, wenn der Augenblick kommt, da eine Berührung der Hand, flüchtig, vorübereilend, zitternd verräth, was das Herz empfindet; und mit ihm zu tanzen, auf Augenblicke getrennt, sich immer wieder zu finden, wie Planeten in verschlungenem Wandel einander zu umkreisen, von schwellenden Tönen getragen; nur leise im Vorüberschweben Händedruck und Blick zu wechseln, und dann, von ihm gehalten, von seinem Arm umschlungen, rasch dahingetragen, von derselben Luft gekühlt!

XII.

O Du! Du! was hat Deine Liebe aus mir gemacht. Ich bin mir selbst in meinem Innern fremd, und doch find' ich mich in jedem Gedanken, in jedem Gefühl wieder. Eine unendliche Klarheit erfüllt meine Seele, neue kühne Gedanken und Wünsche und Bilder steigen darin auf: neue Kräfte beflügeln meinen Geist, ich erstaune über mich, und doch ist mir so wohl, so unaussprechlich wohl? So mag den Verklärten seyn, die aus dem dämmernden Todesschlummer voll lieblicher Lebensträume in seligen Gefilden erwachen. Ungewohnt der neuen Vollkommenheit gebrauchen sie schüchtern Kräfte, die sie nicht ahneten. Ja, der Keim zu dem was ich mich jetzt fühle, er lag in meiner Brust, doch seine Liebe, seine beglückende Liebe, hat, wie eine schöne Sonne, ihn hinauf ins Leben gelockt!

XIII.

Diese Wonne, diese unendliche Wonne, seine eigne Seligkeit, tausendfach im Glück des Geliebten zu genießen! So langsam gedeiht, was man oft mit Aufopferung für das Wohl anderer thut; und hier trägt ein Wort, eine süße kleine Handlung, wozu das Gefühl unaufhaltsam hinreißt, trägt jede Blüte im Augenblick des Entstehens die lohnende Frucht. Ich lieb' ihn mehr, mögt' ich meinen, seit meine Liebe ihn glücklich macht. Gern gehe ich in das Gewühl der Welt hinaus, gern suche ich die Einsamkeit mit der Fülle von Seligkeit in meiner Brust, die mich durch alle Himmelsräume jauchzend trägt. Ich habe neue Sinne bekommen für alle Freuden, für alles Leid; und trag' ich es nicht mehr, dann nenne ich seinen Namen, das ewige Jubellied meines Herzens, den einzigen Ausdruck für das Unaussprechliche.

XIV.

Ich bin so glücklich, so überschwenglich glücklich; wie kann man einem so glücklichen Wesen zürnen! So lange nun hab' ich ein einsames Daseyn geführt, und nun sollt' ich den Genuß, ihm meine Liebe zu zeigen, darzuthun, daß ich stolz auf das Gefühl bin, ihm Freude zu machen, um nichts geben? Sollte ich die Liebe, wie einen schönen duftigen Strauch vor mir blühen sehn, und seine reinen Himmelsblüten nicht pflücken? mein Daseyn anders, als in dem Seinigen haben? Mein reines freies Gefühl in konventionelle Formen zwängen, und der Welt Theil daran geben? Sie hat keinen daran, alles, alles ist von ihm und mir: ich will nicht von jedem Unerträglichsten Glückwünsche hören, über ein Glück, das keiner ahnet. Ich bin frei, ich werde, ich kann ihn wählen, meiner Liebe steht nichts im Wege, das sie zum Opfer verlangte, sie kränkt Niemand, sie zerreißt keine Verbindung; warum soll ich mir den unschuldigen Genuß versagen, daß er sie als eine freie Göttergabe von mir empfange? Und doch thut es mir weh, Julie nicht zufrieden zu wissen — sie ist so gut — sie meint es so gut mit mir. —

Könnte sie nur empfinden, wie glücklich ich bin, wie glücklich!

XV.

Ich glaube nicht, daß eine Liebe, welcher eine große Pflicht, welcher auch nur das Glück eines Wesens geopfert wurde, ganz glücklich seyn kann. Sie erfüllt ja das Herz mit so unendlichem Wohlwollen gegen alle, alle Geschöpfe.

Den ersten heftigen, leidenschaftlichen Ausbrüchen der Seligkeit folgt eine ruhige Stille. In Gesprächen entfaltet sich die Seele, kein Gedanke bleibt dem Geliebten verborgen, und ein unendliches Vertrauen tauschet Herz gegen Herz. Wie lieb und immer lieber wird er in solchen Augenblicken, welchen Genuß gewährt jedes seiner Worte, jede kleine Gewohnheit, jeder Ausdruck, den er gern gebraucht, welcher namenloser Liebreiz ist in seinem Sprechen, seinem Gehen, seinen Bewegungen. Ich könnte Tage lang ihm so mit meinen Blicken, mit meiner Seele folgen, und in der größten Einsamkeit ganz allein mit ihm würd' ich glücklich seyn; denn wer ergründet je den geheimnißvollen Zauber seiner Liebenswürdigkeit? O mein Gott! rufe ich oft mit Thränen und drücke die Hände auf meine beklemmte Brust, warum mir, mir so viel namenloses Glück! — Und der Wunsch, das glühende Gebet, daß solches Glück allen Seelen werden möge, wirft mich vor den Allmächtigen nieder.

Könnte ich so selig seyn, trübte der Gedanke an eines Geschöpfes Unglück, das ich verschuldet hätte, mein Bewußtseyn?

XVI.

Es giebt kein süßeres Gefühl als die Bande, womit die Liebe zu ihm mich an diejenigen fesselt, die ihm theuer sind; keinen holderen Schmerz, als die Theilnahme an Leiden, die ihn einst gekränket. Wie lieb ich seine Aeltern habe, die ich doch nicht kenne, seine Geschwister, seine Untergebene, die großen Schaaren die sein Geist anführt. Unser Gespräch bringt uns oft zurück in die Vergangenheit, mit stiller Wehmuth blicken wir aus unsrer schönen Gegenwart darauf hin. Die Erinnerungen verlebten Kummers, verklungener Freuden gehen an uns vorüber, wie liebe traurige Freunde. Er hat eine Freundin verloren, und sprach von ihr mit besiegtem, unvergessenem Schmerz. Es war mir als wären wir mit einander erwachsen, als hätten wir von Kindheit auf mit einander gelebt. Mein Herz zitterte, da wir uns trennten. Ich warf mich an mein Fenster, und badete die glühende Brust in der Nachtluft. Meine Phantasie wandelte die fliehenden Wolken, in die Gebirge seines Vaterlandes, und zeigte mir bald diese, bald jene Scene aus seiner Kindheit. Ach! alle meine eignen Gedanken ketten mich unaussprechlicher an ihn.

Wie ich so lag, hörte ich Schritte über meinem Haupte, die zum Fenster eilten. Es war sein Tritt. Er stahl sich aus der Männergesellschaft, zu welcher er bei Juliens Gemahl geladen war, in die Einsamkeit, den Schein der Kerzen aus meinem Gemach auf den nächtlichen Rasen zu erblicken.

Die Natur schwieg, Sterne traten aus den zerrissenen Wolken, ich hörte das Geräusch seiner Bewegung in dem Fenster über dem Meinen; der Baum verbarg mir die dunklen Umrisse seiner Gestalt, aber ich fühlte seine Nähe; ich wagte nicht ihm zuzurufen; ein kleines Gedicht fiel mir ein, das ich einst irgendwo gelesen, ich sang mit leiser Stimme: »nur bei Dir weilt meine Seele!« Er vernahm mich, er flüsterte meinen Namen durch die Aeste. Da hörte ich Schritte die zu ihm traten, eine fremde Stimme, und lauter vernahm ich die seine, in einem ernsten Gespräch.

O welch ein Entzücken, seine Rede zu belauschen! könnte ich ihn unsichtbar umschweben, welch ein Glück! Ich hätte gewünscht zu sterben: beklagt, von ihm beklagt zu werden, und um ihn zu schweben, ein waltender Geist!

XVII.

Jedes Verhältniß der bürgerlichen Gesellschaft ist in seinem Ursprung so rein, so schön, so auf die natürlichsten Gefühle gegründet, daß das dunkle Gefühl hievon, ihm selbst in dem ausgeartetsten Zeitalter seine Ehrwürdigkeit erhält. Nie habe ich das so lebendig empfunden, als seitdem ich liebe, und am lebendigsten empfinde ich es von dem ausgeartetsten aller bürgerlichen Verhältnisse, von der Ehe. Sie ist ein Versuch des edelsten Bedürfnisses, die Freuden vollkommenerer Naturen auf die Erde zu verpflanzen, dem höchsten Gefühl der Sterblichen, der Liebe, seine einzige Unvollkommenheit zu nehmen, den Wechsel.

Immer um den Geliebten leben, zu Einem Zweck mit ihm verbunden, unauflöslich an ihn gefesselt, Mutter seiner Kinder seyn, Kummer und Lust mit ihm theilen, seinen Namen führen, und alles doppelt und dreifach lieben, was uns umgiebt, weil alles ihm angehört; nur durch den Tod von ihm getrennt, und bei dem Volke, das den Sinn der Natur am treusten in seinen Mythen und Gesetzen aufbewahrt, nicht einmal durch den Tod!

Wehe dem, der den edlen Zweck verläugnend, dieses Verhältniß, zum Dienste der Habsucht, des Hochmuthes herabgewürdiget hat.

XVIII.

Ich bin weit ernster gestimmt, seit ich ihn liebe, und ich weiß selbst nicht, wie es kömmt. Der Zweck des Lebens, die Vollkommenheit, das Glück, wird mir immer deutlicher, und bringt mich den Menschen näher. Ich bin besonnen und ruhig. Sonst war die Gegenwart mir ein reiches Gebiet, der Augenblick beherrschte die Stimmung meiner Seele. Bald riß mich eine unerklärliche Sehnsucht fort, bald überließ ich mich einer eben so unbegreiflichen Freude. Die Zukunft erschien mir nicht, mit der Vergangenheit, der Gegenwart, und allen Schicksalen der Welt, weit umher, ein großes Ganze; es waren einzelne Stücke, die sich nach jedesmaliger Laune meine Phantasie ausgemahlt hatte: bunt oder schwarz, dunkel oder hell. Das ist jetzt Alles viel anders.

XIX.

Es geschieht so viel Großes um mich her, und nur in Bezug auf seinen Antheil, auf unsre Liebe, nehme auch ich daran Theil. Dieses Schicksal der Welt kann uns trennen. —

O warum ist grade der Muth die Eigenschaft des Mannes, welche das weibliche Herz am unwiderstehlichsten fesselt! Sie giebt uns ein Gefühl von Bewunderung, von Sicherheit der Schutzbedürftigkeit, im Arme des Geliebten, das unser Wesen in Schwung, Kindlichkeit, und ruhige Hingebung auflöset. Vertrauend legen wir unser Geschick in die Hände des Starken, wie ein Kind seine Schätze in den Schooß der Mutter niederlegt.

XX.

Ja, ich war zu glücklich! Ein Maaß von Seligkeit, wie ich genoß, ist unsrem armen Geschlecht nicht beschieden; und die Zukunft rächt so göttliche Stunden. O Gott! konnte dieser glückliche Zustand nicht dauern, warum endete ihn nicht mein Tod? Warum trug dieser, ein freundlicher Engel, mich nicht sanft aus einem Himmel in den andren?

Noch fasse ich den Gedanken nicht: ohne ihn seyn! und meine Seele schaudert davor zurück, wie vor dem Hauche der Vernichtung.

XXI.

Immer näher rückt die furchtbare Stunde des Abschieds; ich kann sie nicht aufhalten; unthätig sitze ich hier und sehe dem Schlage entgegen, der all' mein Glück zertrümmern soll. Die Stunde ist noch nicht bestimmt, und die Hoffnung ruhet so fest an meinem Herzen, das mir ist als dürfte ich noch hoffen. Ich weiß es, ich weiß es gewiß, daß er mich verläßt; allein es ist mir wie der Tod, gewiß und unglaublich. Die Kraft kann den Gedanken ihrer eignen Vernichtung nicht denken, das wäre vernichtet seyn, und denken ist leben: und auch die Hoffnung schwindet erst mit dem Leben. Aber meine Freuden sind mir doch getrübt, jede seiner Liebkosungen lockt mir Thränen in die Augen, und wie ein drohendes Gespenst mischt sich die Furcht, ihn zu verlieren, zu dem Glücke, ihn zu besitzen.

XXII.

Morgen früh! O wie wünschte ich sonst der Nacht Flügel, wie froh habe ich dem ersten Sonnenstrahl von meinem Lager entgegengelauscht, wie freudig ihn begrüßt, wenn er mein Zimmer röthete; dem Klange der Glocken, gelauscht, die erst ganz entfernt, dann näher und näher die Morgenstunde lauthallend verkündeten, und mich gefreut über das Geräusch des Tages, das in den Gassen erwachte. Mein Zimmer ward hell, und heller, und ich verhüllte mein Haupt in die Kissen vor der einbrechenden Klarheit, und mahlte mir mit Farben der Phantasie den schönen Tag der vor mir lag. So schlief ich oft unter lachenden Bildern wieder ein, und der Schlaf lag mit seinen Träumen über meinen Sinnen wie ein duftig gemahlter Schleier, den ich mit einem Blick zerriß, daß ich frisch und freudig hinaus in das Leben trat, wo mich die schöne Wirklichkeit liebend umfing. Das ist dahin, — die Glocken werden schlagen, der Tag wird diese einzige Nacht verscheuchen, die noch zwischen mir und dem grenzenlosen Elende liegt. Die Stunde, ach die letzte! wird im ganzen Gefolge ihrer Schrecken erscheinen. O daß ich einschliefe, und nie wieder erwachte.

XXIII.

Schon acht Tage ist er fort, und ich trage meinen stummen Schmerz in der zerrissenen Brust umher. Die Zeit schleicht dumpf und trübe über mein Haupt dahin; die Gegenstände, welche er berührte, haben sich nicht verändert, allein ihre Seele ist entflohen, sie starren mich wie Leichen an. Hätte ich ihn doch nur ein einziges Mal gesehen, nur Abschied von ihm genommen; hätte ich meine Natur gezwungen, dem Schmerze nicht zu erliegen; ich hätte mit dem letzten Blick, sein Bild in meine Seele gesogen, und unter diesem lieben Bilde wäre mir der Tod erschienen; denn gewiß, er hätte mit seinem letzten Kuß auch das Leben von meinen Lippen geküßt. Warum mußte ich zu dieser langen qualvollen Angst erwachen aus dem Todesschlaf, der mich umhüllte? Hier bin ich nun, weich gebettet, die Freundschaft wacht bei meinem Krankenlager; und er, der süße Freund, ruht vielleicht, sein Haupt auf harten Steinen.

Ich mogte nie eine Freude allein geniessen; seit ich ihn kenne, ist mir keine geworden als nur von ihm: und mich umgeben alle Bequemlichkeiten des Lebens, und alle fehlen ihm. Unfreundlicher! warum mißgönnt er mir, sein Schicksal zu theilen.

XXIV.

Ich segne die Krankheit, die mich in den ersten schrecklichsten Tagen des Leidens auf Juliens Umgang beschränkte. Nichts ist schmerzlicher, als das gleichgültige Treiben der Menschen um uns her, wenn alles dahin ist, was diesem Treiben Seele und Bedeutung verlieh. Die Natur ist freundlicher, sie schmiegt sich gern an unsre innere Sinnen, und nimmt von unsrem Gefühl die Seele, welche sie belebt.

Ein lieblicher Herbsttag lockte mich heute, zum ersten Mal seit seiner Entfernung, ins Freie. Alles trug den Anstrich sanfter Trauer; die Sonne stand so blaß am Himmel, und warf matte Strahlen auf die Erde, gleich einem Kranken, der sich mühsam aufgeschleppt von seinem Lager, sich den nach ihm verlangenden Freunden zu zeigen. Das einst üppige Laub rauschte erstorben unter meinen Fußtritten, und hie und dort zitterte falb ein spät erzeugtes Blatt, das kaum die linde Luft zärtlich bewegte, einsam im rauhen Nord am Stamme. Ich schlich langsam dahin; Thränen überströmten mein Gesicht, als ich umblickte.

Trift mich nicht das allgemeine Loos alles Glückes, aller Liebe? Erst sinkt eine Blüte, ein Blatt nach dem andern von des Lebens blühendem Getriebe, und zuletzt sinken wir nach; und wie Wenige haben soviel Glück genossen, als mir ward. Mit der Dämmerung kehrte ich auf mein Zimmer zurück, und mein Schmerz war linder geworden.

XXV.

Mein Ruf! Was bin ich denn ohne Ihn? durch ihn erhielt mein Leben einen Zweck, für ihn opfere, leide ich alles.

O der Theure, mitten in Gefahren, Entwürfen, und Sorgen, denkt er immer an seine Freundin, sorgt er um sie. Mit welchem namenlosen Schmerz, mit welcher namenlosen Freude habe ich die theuren Züge seiner

Schrift an meine Lippen gedrückt: die todten Buchstaben lebten, er hatte sie berührt, sein Geist, der Geist seiner Liebe athmete aus jeder Zeile.

Von den Bergen führt der Bogen einer Brücke hinab in das Thal. Das Gewühl des Tages war vorüber: oben und in der Tiefe waren seine Schaaren gelagert. Und zwischen ihren Trupps, auf dem steinernen Rand des Gewölbes, schreibt er an mich, sorgt er mich zu beruhigen, daß keine Kunde des Tages mich früher erreiche, als die, daß er siegte, daß er lebt, und mich liebt. Wie ist die Quelle unendlichen Schmerzes, auch die unendlichen Genusses, und welche süße Gabe empfing der Mensch in der Kraft, selbst aus dem Kummer Freude zu ziehn.

XXVI.

O es ist nicht sein Ruhm, der mir ihn theuer macht. Er könnte der Unbekannteste seyn; so wie ihn mein Herz fühlt, wird er darin leben, und ich stiege in jeden Stand mit ihm hinab. Aber daß ich sein Lob von Aller Zungen höre, den Abglanz meiner innigsten Verehrung in Aller Augen strahlen sehe, das freut, das entzückt mich, das zieht mich wieder in die Gesellschaft zurück. Sorgsam lenke ich die Unterredung, bis sie auf dem Punkt ist, wohin ich sie haben mögte; dann entziehe ich mich ihr, und versenke mich schweigend in die Wonne, von ihm sprechen zu hören, dessen Andenken meine ganze Seele erfüllt; sein theures Bild belebt sich, Schauer der Lust durchzucken mein Herz. O er kann nicht ahnen, ich kann ihm nicht sagen, wie namenlos theuer er mir ist. Sagt es ihm kein geistiges Flüstern, fühlt er es nicht an der Luft, die sich liebend an ihn schmiegt, wie auf dem leichten Fittig der Gedanken meine Seele ihn immer umschwebt? Schon oft, wenn ich in stiller Nacht, allein auf meinem Zimmer so sehnend an ihn dachte, hab' ich auf jedes leisestes Geräusch gelauscht, gewähnt, die Züge seines Bildes bewegten sich, und diese unendliche Sehnsucht müßte seinen Geist zu mir ziehen. Ich denke, ich sehe, ich geniesse ja Alles, nur in Bezug auf ihn. In dem Himmel, wo mein Blick tief und tiefer in Unendliches dringt, bis die Gestirne sich von der Fläche lösen, und mein Auge ihren Wandel erkennt, seh ich das Bild unsrer Liebe: in den Wolken, die drohend aufziehen, das Schicksal, das uns trennt, seine Gefahr. Er! dies beseligende Gefühl, ist für mich überall in der reichen Schöpfung.

XXVII.

Ich werde ihn sehen! freue dich, mein Herz, du sollst wieder an dem seinigen schlagen. O holder Winter! Frühlingszeit meiner Hoffnung! Glücklicher Sieg, der du ihm Rast gewährest, und mir die Wonne, zu fliegen an seine Brust. So lange habe ich nun unthätig hier geschmachtet, kein Sehnen beflügelte den

Zug der langsamen Stunden; doch bald, bald kann ich den Augenblick beschleunigen, der mich zu ihm bringt. Der Athem fliegt schnell aus der vollen überseligen Brust, die ihn nicht fassen kann vor der Fülle der Hoffnung.

XXVIII.

Ich muß mich beschäftigen, um den freudigen Aufruhr in meiner Seele zu stillen, der mich in süßer banger Unruhe umher treibt. Ich habe viele kleine Arbeiten vorgenommen: sie sind ihm bestimmt. Es ist mir, als wäre ich ihm so näher, und bei der leichten Beschäftigung, die meinen Geist nicht fodert, laße ich mich sanft hintreiben von dem Strome meiner Gedanken und Gefühle. Und alle wollen zu ihm! Dann springe ich auf, mein Auge durchforscht auf der Karte die Gegenden, wo er waltet, ich folge dem Lauf der Ströme, ich lese von der Lage, von den Sitten, den Freuden, den Eigenthümlichkeiten der Orte, wo er verweilt hat. Ich sehe ihn in jeder Lage, worin sein Beruf ihn versetzt.

Gestern ging ich, nur von einem Bedienten begleitet, zu Fuß hinaus vor die Stadt; das enge Zimmer hatte nicht Raum für meine Glückseligkeit. Ich ging nach einer Mühle, wo ich gern bin, seitdem er fort ist. Die Müllerfamilie lebt so glücklich, so einträchtig, und heiter; der kleine Hausstand athmet einen Geist der Behäglichkeit und Reinheit, der meinem Herzen wohlthut; denn die Liebe stimmt das Herz empfänglicher für den Eindruck jedes guten Glückes; und bei allem Kontrast dieses stillen Lebens, und seines thatenvollen, ist doch von seiner Art in diesem Glück. Alle dort süß vertrauerten Stunden traten vor mein Gemüth, als ich über den hartgefrornen Anger dahinschritt. Mit reger, langentbehrter Hoffnung eilte ich rasch vorwärts, und je weiter ich kam, je mehr verschwand meine Freude. Die Todtenstille umher, die kein Laut des Lebens unterbrach, das Knistern des Eises, das hie und dort sich von dem Ufer des Flusses löste, der wie ein emaillenes Band in der matten Beleuchtung der Sonne ruhete; die fernen Dörfer und Berge, wie farbige Nebelgebilde, auf den hellen Grund gehaucht; der Mühlbach, der erstarrt sich nicht mehr rauschend mit funkelnden Wellen über die Räder stürzte, und durch sein Erlenbett dahin riß; die Blätter der Erlen, die sonst im glänzenden Grün, angehaucht von der Flut über mir in lieblichem Schauer der Kühlung zitterten, und nun farblos und modernd den Boden bedeckten: die Bilder des Todes wurden mächtiger, als das lebendige Gefühl der Freude in meiner Brust. Es muß auf diese Wiedervereinigung doch eine neue Trennung folgen, vielleicht gefahrvoller, schmerzlicher, länger; und die Stunden, die mich dem Glücke näher bringen, nähern mich auch dem Trübsal. Ach, es ist das Gespenst unsrer Unvollkommenheit, und der Vergänglichkeit alles Menschlichen, das uns zurück in Furcht reißt, wenn eine Freude uns lichtbeschwingt in den Himmel der Liebe zu seligen Geistern trägt. O! daß ich bei dir wäre! alle diese Widersprüche würden sich in ein stilles unendliches Gefühl von Glück lösen. Jetzt kann ich eine bange Ahnung nicht unterdrücken.

XXIX.

Warum trägt jede Lebensblüte für mich nur Früchte des Entsagens? Ich stand an der Pforte eines unnenbaren Glückes, und Julie wird krank, so krank, daß sie meiner sorgenden Pflege nicht entbehren kann; und an ihrem Krankenbett martern mich getäuschte Hoffnung und Sorge für ihr Leben. Wie schön ist das bürgerliche Verhältniß auf solche Stunden berechnet, wo der Mensch des Menschen bedarf, auf Stunden des Seelen- und Körperleidens, das nichts lindert, als Liebe.

Wenn sie so meine Hand drückt, und ihn und mich beklagt, daß wir getrennt sind, ich nun bei ihr verweile: so kann ich nicht begreifen, wie es möglich wäre, sie zu verlassen, und empfinde nicht, welches Opfer ich ihr bringe, wegen der Freude, ihr nützlich zu seyn, ihren Zustand zu erleichtern. Doch wenn die Einsamkeit auf Augenblicke mich umgiebt; sein Bild vor die stille Seele tritt: er allein, nach aller Anstrengung, nach allen Kämpfen, gefesselt von seinem Stand, voll vergeblicher Sehnsucht nach mir; wenn ich seine Klagen lese: dann breite ich die Arme hinaus in den leeren Horizont, dann fühle ich, wie glücklich ich seyn könnte, und meiner Seele grauset vor dem Gefühl der Einsamkeit.

XXX.

Die Zeit geht dahin, und entfaltet sich anders, als das Bild, was uns von ihr vorgeschwebt, da sie noch Zukunft war. Selbst wenn unsere Hoffnungen erfüllt werden, gleicht die Erfüllung ihrem Bilde nicht. Wie anders schwebten diese Tage mir vor; und keine Zeit wird kommen, die mir ein Glück brächte, ähnlich dem von ihr geträumten. Ihn führt der Sturm der Begebenheiten zu neuer Gefahr: ich bange in doppelter Angst, um ihn und Julien. Man wird leicht abergläubisch, wenn man liebt. Das Bedürfniß, alles auf den Geliebten zu beziehen, macht, daß man auch dasjenige, was man nicht unmittelbar auf ihn beziehen kann, zu seiner Liebe, als ein Zeichen vom Schicksal rechnet; aber es giebt Augenblicke, wo ein Vorgefühl der Zukunft unverständlich durch die Seele klingt; und das ganze Leben ist anders gestimmt, und findet den vorigen Ton nie wieder.

XXXI.

Juliens Herz, das mich liebte, ist erstarrt. Ruhig und fest, wie sie durch das Leben ging, trat sie dem Tode entgegen. »Wir tauschen:« war ihr letztes Wort, »ich leitete deine Kindheit in das Leben hinaus, du leitest mein Leben zu Grabe.«

Morgen wird sie beigesetzt, und nach kurzer Zeit ist jede Spur ihres Daseyns, aus dem Kreise, welchen sie belebte, verschwunden. Nur die Erinnerung desselben, die leise Spur ihres lebendigen Wirkens, umschweben noch einige Zeit die Gegenstände, welche ihr angehörten, wie der Nachhall einer verklungenen Harmonie noch melancholisch durch die Lüfte zittert. Eine Trennung, die längste, schmerzlichste, ist doch nicht gleich dem Tode: der Geist begleitet den Geschiedenen, in die Kreise seines Wirkens, und das Wiedersehen liegt innerhalb des freudigen Gebietes der Möglichkeiten im Sonnenstrahl der Hoffnung. Doch jenseit des Grabes ist alles still und dunkel, und unser Leben versinkt in Nacht, wie ein Stern aus dem Bogen des Himmels.

XXXII.

Die Kirche war schwarz behängt, weiße Kerzen brannten auf dem Altar, und mischten ihr trauriges Licht zu dem trüben Tage, der durch die dunklen gemahlten Scheiben einbrach. Eine dumpfe Kellerluft schwebte unter den gothischen Gewölben; das Requiem begrüßte die Verstorbene in ihrer stillen Wohnung, mit feierlich schwellenden Tönen, aus der starken Brust der Orgel, wie ein Willkommen der längst Verschiedenen.

Unter meinen Füßen ruhete nun auf immer, die ich noch vor wenig Tagen empfindend und lebend in meine Arme schloß. So weniger Zeit bedarf es, ein Leben auszulöschen, und wie vieler Jahre, wie vieler Kämpfe, ehe es zum wahren Leben erblüht. Wohin ich blickte, trafen meine Augen auf Spuren von Zerstörung, auf Bilder von Vergänglichkeit. Eingesunkene Leichensteine mit verwitterten Innschriften; zertrümmerte Grabmähler und Beichtstühle; und kein Laut aller Klagen, die an diese Gewölbe geschlagen, erinnerte an jene, welche nun schon lange ausgelitten hatten, und vergessen waren. O wie erschien mir in diesem Augenblick auch mein Leben nur ein flüchtiger Moment, und nicht des Schmerzes, nicht der Freude wehrt. Alle ihre Klagen hat der Ewige gehört, in seinem Herzen steht, was Aeonen von Geschlechtern litten, sein Himmel wölbte sich über Alle, und immer aufs Neue ruft sein Athem Atome in das Leben. In solchen Augenblicken verschwindet der eigene Kummer aus der Erinnerung; und verliert sich in die Masse fremden Schmerzes, wie ein Moment in Jahrtausende verrinnet; sein dunkles Gefühl läutert nur die Andacht der Seele.

Da warf ich mich nieder vor den Allmächtigen, und legte das Mitgefühl für alle meine Nebengeschöpfe, legte das dringende Gebet für meines Geliebten Glück an sein Vaterherz. Es war ein himmlisches Gefühl, welches mich vor ihn niederwarf, ich fühlte in dem Augenblicke Kraft, die Leiden einer Welt auf meine Brust zu laden und zu tragen.

Aber wenn auch meine Stunde erschienen ist, zurück an den Busen der Natur soll man meinen Körper legen, auf Erde gebettet, mit Erde zugedeckt; ein Opfer den Elementen, von denen er genommen ist, kein Raub der Verwesung in gemauerten Gewölben.

XXXIII.

Hier bin ich wieder auf dem Lande. Der Frühling haucht mich mit wärmerem Lebensathem an, und die Natur regt sich, von ihrem Winterschlaf erwacht. Die in der Stadt verlebten schönen Tage sind wie versunken, und nur an dem Schmerz der Trennung, der in meiner Seele zuckt, empfinde ich, daß sie waren.

O Du! laß mich von diesen trüben Bildern, an deine Brust, zu deinem Geiste mich retten: und führe die Ruhe der Nationen Dich bald in meine Arme zurück. Es ist seltsam, aber auch dieser Gedanke erhebt nicht mein Gemüth. Ich kenne für ihn kein Leben, als ein unstätes, verwickeltes in großen Geschäften; ich kann für ihn kein anderes denken; wird ihm je Rast seyn für die Liebe, je ein stilles Glück der Häuslichkeit? Und wenn es wäre, so schön als die Vergangenheit war, wird selbst eine solche Zukunft nicht werden. Es fehlt ja Julie. Sie war mir theurer, als ich es geglaubt; das Gute erschien bei ihr nicht unter lieblichen Formen, worin es im Augenblick sich der Phantasie freundlich anschmieget: sie war streng und kalt; aber sie war wahrhaftig gut, und tiefer empfinde ich das jetzt, als wenn ich es von jeher lebhaft empfunden hätte. Warum dringt keine Stimme in die Tiefe ihrer Gruft, ihr zu sagen, wie ich sie geliebt, wie ich sie betraure?

XXXIV.

Der Schmerz über Juliens Verlust, ergriff mich in den ersten Augenblicken nicht so heftig, allein er nagt an meinem Herzen, und Trauer hat mein Wesen umzogen. Wir hangen doch unaussprechlich an den Freunden unsrer ersten Jugend. Alle die frohen Tage der Unbefangenheit, nach denen man sich nicht zurücksehnt, weil sie so wenig glücklich als unglücklich waren, aber auf die man mit sanfter Rührung hinabblickt, schlingen mit frommen Kinderhänden unauflösliche Bande um die Herzen. Mit Julien ist mir das letzte Leben aus jenen Tagen versunken, gebannt in die Vergangenheit, das Gebiet meiner Freuden. O sehr oft muß ich mich dorthin retten, dort Trost schöpfen, denn alles ist trüb und dumpf um mich her; was mich gefreut hat und beglückt, ist verwandelt.

Es ist ein trauriges Gefühl zu bemerken, wie das Leben fortgeht, seine Freuden sich immer ferner und ferner zeigen, und keine neue mehr die alten gewohnten ersetzen. Diese Empfindung ist so lebendig in mir, ohnerachtet meiner Jugend; wie mag dem Alter seyn, das alle seine Freuden sterben sah, und nichts mehr wünschet und hofft, nichts vor sich sieht, als den Tod, und immer klagt: es war. Ich höre mit herzlicher Theilnahme, wenn Greise zu mir von ihrer Vergangenheit sprechen. Das höchste Liebesglück ist die wahre Jugend unseres Lebens; wer im vierzigsten Jahr zum erstenmal glücklich liebt, lebt dann erst seine Jugend: wer nie glücklich geliebt hat, hat sie nie gekannt. O der goldenen Zeit! wird sie zurück kehren? wird mein Leben, wie jene seltenen Rosen, noch eine Blume aus der Blume treiben? Es ist, als sagte eine dunkle Ahnung mir: hoffe nicht. O kehre zurück, mein Geliebter! an deinem starken Herzen ist Ruhe; aber er hört mich nicht, und ich bleibe allein mit meinem Gram.

XXXV.

Mich dünkt, wäre ich sein, trüge ich den Namen, dessen Klang mir, im gleichgültigsten Thun, sein geliebtes Bild vorriefe, ich würde glücklicher seyn. Ich hätte Theil an seinen Sorgen, ich gehörte bestimter zu seinem großen Leben. Und er, kann er mich lieben, wie ich ihn? Wehet mein Bild nicht nur flüchtig zwischen den Sorgen hindurch, die ihn bekümmern? erfülle ich seine ganze Seele?

Wo ist der Muth der Glückseligkeit hin, daß ich verschmähte, sein Weib zu seyn? Inniges Glück! nach dem alle meine Wünsche nun streben.

XXXVI.

Der Gedanke an ihn erfüllt meine ganze Seele, und hat eine Welt in meinem Innern gebildet, worin ich lebe, leide, und glücklich bin, wo die Wehmuth meine ernste liebe Gefährtin ist. Ungern trete ich in die Wirklichkeit hinaus, in welcher fremde Gegenstände den Einklang meiner Empfindungen unterbrechen. Ich bin an stille Ruh gewöhnt, und nun ich diesem gewohnten Gefühl auf einige Tage entsagen muß, bin ich unmuthig, und nähme gern das Versprechen zurück, welches mich dazu verbindet.

Ich habe eine einfache altdeutsche Tracht für mich zum Maskenkleide gewählt, die keine Blicke auf mich ziehen wird. Ehedem schmückte ich mich gern, es war für ihn, es machte ihm Freude, mich schön zu finden. Oft gestand ich mir freudig, wenn ich dann ganz angekleidet vor den Spiegel trat, daß ich schön sei. Ich begann Sorgfalt auf meinen Anzug zu wenden: durch ihn ward mir das Unerträgliche zur Lust. Jeder Abend, jede Gesellschaft, wozu ich mich schmückte, waren Feste der Liebe. Seit er fort ist, habe ich alles vernachläßiget, ich will nicht bemerkt seyn. Sein bin ich, und für ihn auf mich selbst eifersüchtig.

XXXVII.

Eine Empfindung, welche ich in dieser Stärke nicht ahnete, mit der sie mich hier unabläßig quält, ist der Kontrast zwischen der stummen Trauer, worin ich dieses Haus verließ, und dem Festgepränge, in welchem ich es wieder erblicke. Zum letzten Mal, als ich den Saal betrat, geschah es um Abschied von der geliebten Leiche Juliens zu nehmen. Damals waren die Wände schwarz bekleidet, silberne Ampeln brannten statt der kristallenen Kronen, und warfen ein traurig schwankendes Licht umher. Jeder Fußtritt dröhnte dumpf durch den weiten Saal, und kein Laut unterbrach die Stille, als das leise Weinen ihrer Leute um den offenen Sarg. Ein Lächlen der Verklärung schwebte über ihre bleiche Form, und von der oberen Wand blickte ihr Gesicht, mit frischen Lebensfarben gemahlt, fühllos in den Gram ihrer Hinterlassenen.

Nun führte mich ihr Gemahl eben dorthin, die Anstalten zu seinem Feste zu sehen. Das Pochen und Zurufen der arbeitenden Handwerker lärmte wüst; die Bedienten liefen geschäftig umher, ihr Bild, ihr Andenken war hinweggenommen, ein südlicher Frühling umblühte die Wände, alles athmete Lebensgenuß und Freude.

Hier sprechen mich von jeder Stelle die Geister längst gestorbener schöner Stunden an; hier habe ich das überschwengliche Glück genossen, um welches meine Sehnsucht klagt. Wie wenig sagt dies laute Festgepränge meiner Stimmung zu. Ich habe mir ein Zimmer, in einem entlegenen Flügel zum Garten, erbeten, wo ich auf Augenblicke ihm leben kann.

XXXVIII.

So oft habe ich gewünscht, daß unsre Geister, von einer Vorstellung erfüllet, auf einen Punkt mit all' ihren Kräften gebannt, sich losringen könnten von den Banden des Körpers, und dahin eilen, wohin die Sehnsucht sie zieht.

War es ein Spiel der erhitzten Phantasie, war es eine Täuschung, welche mir die Gewährung dieses süßen Wunsches vorspiegelte? Es war die schönste Sommernacht; Glühwürmchen schimmerten im dunklen Grase, als wären Sterne dem Boden entblüht: dämmernd schwamm das Mondlicht um die Büsche; ein kühler Wind rauschte in den Wipfeln der Bäume, trug auf seinen Luftwellen die Düfte der Orangerie, der blühenden Gewächse zu mir herein, und wogte wie ein Liebesmeer um meine Brust. Die Flammen der Kerzen wankten, die Vorhänge bewegten sich leise, draußen neigten sich die Wipfel, und lindes Leben regte jeden Gegenstand umher, regte sich auch in meiner Brust. Ein reines Gefühl des Daseyns hatte sich meiner Lebensgeister bemächtigt, die Gegenwart umfing mich mit stillem Zauber. Da rauschte es lauter außen in den Büschen; eine dunkle Gestalt wallte im Mondlicht an meinem Fenster vorüber. Er! er! schlug mein Herz. Eine Sekunde blickte sie mich an; ich stürzte zum Fenster; alles war ruhig, unbeseelt von der Spur eines lebendigen Wesens lag die stumme Nacht. O Geliebter! war es dein Geist, der die Liebende grüßte?

XXXIX.

Ich bin nicht mehr dieselbe, die ich war, als ich diese Wohnung verließ. Jene Täuschung der ersehntesten Hoffnung, jener erste Verlust, der mir ein Stück meines Lebens in Julien hinwegnahm: sie haben mich in die Tiefen des Lebens geführt, wo die Schwermuth hauset. Damals fühlte ich zuerst den Schmerz, daß alle Verbindungen, die der Mensch im Jugendmuthe, als zu seinem Seyn gehörend betrachtet, wandelbar sind. Ich fühle nun meine Liebe nicht mehr über dem Schicksal, und sehne mich, sie durch engere Verhältnisse zu sichern. Der Gang meiner Vorstellungen ist verwandelt; das Spiel mit jeder Lebensfreude, welches mich sonst dahinriß, betrachte ich jetzt aus der Ferne, als ein Schauspiel.

XL.

Ja ich will zu ihm, ich muß sein werden: jede Gestalt, jedes Gespräch, die unbeseelten Räume erinnern mich, daß ich nicht bin, wo ich seyn sollte; daß ich zu ihm gehöre, auf dem Gebiet seines Besitzthums, einsam mit seinem Bilde, oder an seiner Brust.

Es ist keine Wahrheit, keine Zuverlässigkeit im Leben, als von einem entsprechenden Herzen. Wir sagen unsre innerste Meinung, und wer versteht ganz was wir ausdrücken, als wer den Keim unsres Wesens, in seiner Liebe fühlt; vor dem das Bild unsrer Lebensereignisse in seiner ganzen Folge daliegt, aus welchen sich unsre Meinungen entwickelt haben, durch welche sie ihr Kolorit erhielten? Die bürgerlichen Verhältnisse erscheinen in ihrem Mißbrauch so leer, daß die Fülle eines natürlichen Gefühls, der Uebermuth seiner Kraft wol verleiten mögen, sie zu verschmähen: allein sie sind die nothwendigen Bedingungen, wodurch allein das Gefühl vollkommen das Leben zu beglücken vermag, und die Betrachtung und die Erfahrung, leiten immer auf sie zurück.

XLI.

Mein Herz schlägt heftiger von Hoffnung; die Fülle der Bilder umdrängt wieder meinen Geist, und verscheucht die gewohnte Schwermuth.

In den dürftigen Räumen des Hauses, welche er ahnungslos betreten hat, in gewohntem Geschäft wird ihm das Blatt gereicht werden, auf welchem die Namen der Angekommenen stehen. Gleichgültig und ernst wirft er den Blick darauf; erkennt geliebte Züge; sein Gesicht glüht, sein Auge flammt auf, forscht voll Unruh, und ich, ich, die Seine, fliege an seine Brust.

XLII.

Ich nehme alle Gründe zusammen, mir jene gräßlichen Schauer zu erklären, aber mein Herz bleibt in der Tiefe gebunden. Denn dort finde ich die Vorstellung seiner Gefahr. Ach sie ist wirklich! und mehrt die Angst, statt sie zu zerstreuen.

Flüchtig und freudig hatte ich von allen Erinnerungsstätten meines Landgutes Abschied genommen; sicher, sie beglückter wieder zu sehen. Es war Abend geworden, ich eilte zur Quelle, wo ich den Geliebten zum ersten Male erblickt hatte. Wie oft, wenn die Wässer mit immer neuem Leben aus dem kiesigten Grunde empormurmelten, habe ich sie lange betrachtet, in schwärmerischer Hoffnung, sein Bild könne von dieser Lebendigkeit wieder vor meine Blicke gezaubert werden. Die Schatten der Dämmerung lagen grau durch den Wald, keine Stimme unterbrach mehr sein Schweigen; leises Rauschen, Flüstern entstand, und verlohr sich im Entstehen weiterhin, und der Quell, wie ich nahte, seufzte laut und lauter mit unartikulirten Tönen. Ein sonderbares Grauen stahl sich durch meine Brust, ich hatte ihn fast erreicht, ich vermogte nicht weiter zu gehen; alle Hoffnungen der Liebe waren ausgelöscht, das Bild meines verschiedenen Gemahls, das Bild von Julien traten starr, mit nie empfundener Lebendigkeit vor meine Seele, es war als wären die Pforten des Todes gelöset. Sein Bild erhielt sich nicht, ich flüchtete nach dem Schlosse zurück! und nun bin ich hier, und kann mich nicht von diesen Todten trennen, und es beklemmt mein Herz, daß ich es nicht kann.

XLIII.

Ich habe keine Begleitung auf meiner Reise gewünscht. Ganz allein, wie ich sein bin, wie mein Gefühl und Muth mich zu ihm führen, will ich zu ihm treten. Feld und Wald, und geschäftige Menschengruppen, schwinden an mir vorüber, als ob sie eileten, zurückzubleiben und mich zu ihm zu fördern. Schon wird die Gegend mir fremder, die Wolken fliegen mit Winken abwärts zu ihm: ehe die Sonne dort unter ist, habe ich die Stelle erreicht, wo der Pfad sich trennt, wo die Hügel sich erheben, jene Gefilde, wo er gewaltet, nachdem mein Auge ihn zum letzten Mal erblickt hat. Ich werde von ihm hören, ich werde Menschen treffen, die ihn später sahen, als ich! Diese Gegend! wie oft habe ich sie auf der Karte durchmessen, und Abends, ehe ich ruhte, jeden Standpunkt mit den Augen geküßt, und vielmal gesegnet, wo er nun weilte.

XLIV.

Die Abspannung nach der Täuschung eines heftigen Strebens, erlaubt den Kräften nicht sogleich, sich auf neue Gegenstände zu spannen, und das Gemüth versinkt in Hoffnungslosigkeit und Leere.

Dies sage ich mir wol; aber es bleibt, als dürfte kein Freudentag mehr heranbrechen.

Ich bemerkte genau die Landschaft umher. Nicht weit von dem Flecken, wo die Wege sich trennen, erhebt sich in zwei Hügelreihen das Land; von den jenseitigen die nach Mittag laufen, spühlt das Bächlein in das Thal hinab, über welches jene Brücke führet, auf der er Nachts beim Scheine der Wachtfeuer mir zuerst schrieb. Mein Auge maß die wohlbekannten Entfernungen, und fand nicht den Ort. Ich glaubte mich getäuscht zu haben, ich hoffte und hoffte; aber immer fremder wurde mir die Gegend; ich zweifelte, ob mein Kutscher den Weg verfehlt habe, oder ob mich meine Vorstellung von dieser Gegend getäuscht, wie so oft die Phantasie nie gesehenen Dingen ein falsches Bild leihet. Die Sonne stand tiefer, schon wollte ich umlenken lassen, als plötzlich mir zur Rechten ein Schloß an dem Rücken eines Hügels erschien. Auf einem Schlosse in ähnlicher Lage hatte er mehrere Tage zugebracht, es sollte das Ziel meiner Tagereise seyn, mein Herz schlug wieder auf.

Der Weg führte vorüber, ich befahl dem Kutscher zu halten, einen Weg dorthin zu suchen: zu Fuß, von meinem Bedienten begleitet, streifte ich in den schönen Abend, queer durch das Feld auf das Gebäude zu. Die Entfernung hatte mich getäuscht, der Weg dehnte sich weiter wie ich ging, die Sonne ging unter, und plötzlich lag vor mir ein weiter See und trennte mich vom Ziel. Nun war ich gewiß, daß der Weg verfehlet sei; die Ufer waren zu weit, sie zu Fuß zu umgehen: in der bittersten Täuschung stand ich an der Fläche. Die niedrigeren Gegenstände verloren sich schon in dunkelgraue Massen, am fernen Horizont erlosch die Abendröthe, und ihre letzten blaßrothen Streifen spiegelten sich in dem ruhigen Wasser: die Gegend lag in Schweigen begraben, nur das Schilf neigte sich flüsternd im Winde, und die Wellen brachen sich an den Ufern. Mein Herz sank mir in der Brust zurück, es war als ob Nacht, wie über die Natur, sich über mein Leben breitete; die

Einsamkeit der Fläche erfüllte mich mit nie empfundener Sehnsucht, Thränen strömten über mein Gesicht.

Indem erhuben Waldhörner sich vom gegenseitigen Ufer mit klagenden Tönen. Ein fernes Echo fing die dahinschwindenden Melodien auf, welche dann, über die Fluth zu mir kommend, verhallten, als sänken sie in die Wellen hinab. Ein Nachen nahete, und mein Bedienter rief den Schiffenden uns einzunehmen. Sie lenkten zum Ufer und waren bereit; ich stieg in den schwankenden Nachen. Der Name des Schlosses war nicht der wohlbekannte, die Besitzer hatten es gegen einen sicherern Auffenthalt vertauscht, und diese beiden Zurückgelassenen, ein Schiffer und ein Jäger, trieben hier unverletzt ihr stilles Gewerbe.

Mir war einsam, wie noch nie. Auf der grauen Weite, leicht getrennt vom Tode, mit fremden Menschen, von denen ich nichts, die nichts von mir wußten, die das Schicksal in Verborgenheit fürchteten, durch Verborgenheit ihm entgingen, welches er lenkt, der Entfernte, der meiner Seele der Nächste ist.

Hier stehe ich nun an dem Fenster des unbekannten Gebäudes, der Mond umkreißt mit weiten Bahnen die luftigen Thürme, und flimmert im See. Ich erharre das Morgenroth, das mich Ihm nähern soll; noch ziehen alle Sterne empor, und keiner sinkt abwärts zu ihm.

XLV.

Das Wunderbare, das dem Leben den immer neuen Reiz giebt, ist der Wechsel von Lust zu Schmerz, von Schmerz zu Lust; es kehrt sich nicht an unsre Stimmungen, es wälzt seine Wogen und trägt uns dahin.

Oft ist Prüfung was uns als ein heiteres Glück begrüßt, oft ist das was wir Unglück nennen, eine Stufe zum Glück. Glück, und Unglück, sind nur Benennungen von dem augenblicklichen Eindruck eines Ereignisses; Mancher klebt daran und verkümmert sein Leben; demjenigen, der das Ganze überschaut, verfliesset alles wie Wolkengebilde in heiteren Aether.

Trüb schaute ich in den Nebel, der erst allmählig sichtbar durch das Morgenlicht aus dem See aufstieg; der Morgenstern zitterte, hoch am Himmel erlöschend; ein kalter Schauer fuhr über die Natur, nicht als ob er einem neuen Leben voraufflöge: als ob er käme, alles Leben zu lösen. Die Schloßbewohner hatten den Weg bis zur rechten Straße als weit beschrieben; ich warf mich ohne Erwartung in den Wagen, kein Bild vom Abend des Tages schwebte mir vor, und fast gleichgültig schloß ich die Augen dem Morgen. Wir waren keine halbe Stunde gefahren; und plötzlich erregt mich der Zuruf meines Bedienten, der Wagen hält, er öffnet den Schlag, und sagt: nun werden wir wol auf der rechten Straße seyn. Ich blicke hinaus, die

Gegend schwimmt im Morgenlichte, das Bächlein sprudelt ins Thal, der Bogen der Brücke spiegelt sich in die Fluth, die Bäume regen beseelt ihre Aeste, ein Schäfer kommt mit seiner Heerde über den Anger, und sein Horn schallt frisch dem Tage entgegen. Ich sprang aus dem Wagen, ich berührte den Stein des Brückenrandes, worauf seine Hand geruht; mir war, als bebte er mit lebendigen Pulsschlägen unter meiner Berührung.

Mit langsamem Entzücken durchstreifte mein Auge jeden Theil des Gefildes; meine Phantasie hatte mich nicht belogen. Ich hätte weilen mögen, und hinweg eilen; es kamen die Tage vor meinen Geist, wo ich an seiner Hand hier seyn würde, und das Bild trieb mich zu ihm.

Der Schäfer nahete, sein Gesicht war mir bedeutend; vielleicht hatte er ihn gesehen! Ich wagte nicht zu fragen, aber ich nahm im Gefühl der Möglichkeit, seine Blicke von desselben Antlitz, ich nahm sie von jeder Gestalt, jedem Gegenstand der uns begegnete. Bald erschien das verfehlte Schloß mir wirklich, ich kannte die Gegend wie aus der lebendigsten Erinnerung. Ich ließ den Wagen zurückschlagen, die entflohenen, die nahenden Gegenstände zu geniessen; der Tag strömte um meine Brust, und alle Gedanken flogen mit freudigem Rufen zu ihm!

XLVI.

Immer lebendiger wird sein Bild, immer mehren sich die Spuren seines Wirkens; mir ist, als ob er mir entgegen käme, und mit der Entfernung schwinden die Bilder der Trennung. Hier bin ich in Räumen, die er betreten hat, ich stehe vor den Zügen meines Namens, die seine Hand in das Glas, irrend in Gedanken, geschnitten hat. Mit Thränen betrachte ich das Denkmal seiner Liebe, und immer inniger umdrängen mich die neuen Bilder aus seinem Leben; so bekannt und so neu. Er hatte flüchtig erwähnt, wie er die Nacht nach einem Tage voll Arbeit und Gefahren, auf einem Meierhoff, nahe dem Schlachtfelde zugebracht. Die Sonne neigte sich zur Nacht, als ich vor einem Hause anlangte, das Lindenbäume friedlich beschatteten, und das sich an einen waldigen Hügel lehnte. Ein Mann mit einem Kinde auf dem Arm stand vor der Thür, und sein freundlicher Gruß gab mir Vertrauen, ehe er geredet. Ich ließ halten, und fragte ihn, ob er mich wol nach dem Schlachtfelde in der Nähe führen könne, welches ich zu sehen wünschte? Er erwiederte: gern; doch nöthigte er mich, auszusteigen und mich zuvor bei ihm zu erfrischen. Mit klopfendem Herzen trat ich über die hohe Schwelle, in das niedrige geräumige Zimmer; und mit der Freude, womit ein Wirth, wenn etwas Bedeutendes seinem Hause widerfuhr, die Nachricht davon, dem Fremden, gleichsam als Gastgeschenk mitzutheilen pflegt, erzählte jener mir sogleich, daß in diesem Zimmer, nach der gewonnenen Schlacht der Feldherr übernachtet habe. Sein Kind stand neben ihm und blickte mich neugierig an, wie es zu dem Helden aufgeblickt haben mogte. Ich sahe seinen hohen Wuchs, wie er, sich bückend, über die Schwelle steigt, an der Spitze seines Gefolges; wie er auf und ab schreitet, für alles sorgend; und dann zum Fenster tritt, in die Abendsonne schaut, und mein Bild ihm flüchtig erscheint; mein Bild! das seinem lieben Herzen Freude giebt.

XLVII.

Während wir nach dem Schlachtfelde gingen, erzählte der Meyer mir kleine Züge aus den Stunden seines Auffenthaltes: wie er alles Besitzthum geschützt, die Truppen vertheilt, die Verwundeten untergebracht, zwischen dem Lagerfeuer umherwandelnd, jedem zugesprochen habe: die Einwohner beruhigend, die Seinen lobend, streng und ermunternd. Auch von seiner eigenen Lage während der Schlacht, erzählte der Meyer; von seiner Ungewißheit und Angst; wie der Donner des Geschützes sie entsetzt, wie er sein Haus verrammelt habe, und mit Weib und Kind gebangt, der Feind werde siegen, oder Fliehende würden sich nach dieser Seite wenden.

Mir schlug das Herz von dem genäherten Bilde der Gefahr, in welcher er unablässig schwebt. Ich mußte oft still stehen und Athem sammeln. Endlich stiegen wir einen Hügelrücken hinan, und erblickten eine einzelne Kapelle, verödet in der Nähe. Der Mann sagte, daß hier ein Trupp sich vor Beginn der Schlacht vertheidigt habe. Ich begehrte hinein zu gehen, und er bat mich, dort allein zu verweilen, bis er nach seinen Heerden gesehen habe, welche in der Nähe geweidet würden. Ueber eingesunkene Gräber trat ich zitternd in das Innere des Heiligthums. Es trug alle Spuren der Zerstörung, die hier gewüthet hatte. Fenster und Thüren waren zertrümmert, Kugeln steckten in dem Gemäuer, und der weisse aufgewühlte Estricht, trug unverkennbare Spuren von Blut. Die Abendröthe fiel durch die dunklen Zweige einiger Hollunderbüsche hinein, und bekleidete den nackten Altar mit Himmelsglut. Alles war still, nur die Luft säuselte durch das Gezweig, und das dumpfe Gebrüll der Heerden, scholl von fern: ich warf mich vor dem Altar nieder, mit nie empfundener Angst habe ich an der Stelle, wo die Gefahr ihn umschwebt hat, für seine Sicherheit gefleht.

Mein Führer kam zurück, und längs dem Rücken der Hügel, den Pfad entlang, auf welchem die Vertriebenen gejagt waren, gingen wir zum Schlachtfeld. Manche Erhöhung des Bodens bezeichnete den gewaltsamen, schmerzhaften Tod der Fliehenden und ihrer Verfolger neben einander; und plötzlich sahen wir die Ebene, in einen Halbzirkel von Bergen gedrängt, auf dessen Mitte wir standen, vor uns. Ein einzelner Baum wehte am Abhang: dort hatte er gehalten, als Alles von den Bergen hinabgetrieben war: so deutete mir der Landmann: im Grunde standen die Feinde wieder gesammelt.

Mein Herz war in der Tiefe erschüttert; Grabhügel zu meinen Füßen; und hier, wo ich stand, war der Tod um ihn gewesen. Ich sah ihn auf seinem Pferde; seine Boten eilen, und kommen; das Geschütz kracht, das Geschrei übertäubt die Feldmusik; die wilde Scene erneuerte sich vor mir.

O! der Krieg ist kein schrecklicher Gedanke, wenn man ihn als ein großes Schicksal von Völkern betrachtet; des Einzelnen Loos ist, dem Zwecke des Ganzen geopfert zu werden: aber wenn das Bild des Einzelnen vor die Seele tritt, seine Verhältnisse, seine Art, sein Schmerz; dann wird die menschliche Natur von einer solchen Nothwendigkeit zerrissen, die sie vertilgt. Ich konnte mich des Schauders nicht bemeistern. Was ist sein Beruf! Sein Bild verliehrt sich in dem gräßlichen Gewühl, und das Entzücken der Liebe kommt nicht in mir auf.

Die Vorstellung des Krieges hatte Heloisens Gemüth tief erschüttert. Alle Bilder des häuslichen Glücks, die in ihrer Fantasie heimisch waren, fühlte sie von schreckensvollen Vorstellungen vernichtet, und es war umsonst, daß ihr Verstand das Heil der Schlachten für das Allgemeine der Menschheit zu fassen vermogte, daß ihr Herz Kraft hatte, durch eine solche Ansicht erhoben und beruhigt zu seyn, seine Kraft war von der Liebe dahin genommen. Das Bild ihres Geliebten erschien ihr unaufhörlich, demselben Schicksal erliegend, das so viele Geliebte, Gatten, Väter, fern von der Heimath und den Geliebten getroffen; eine Täuschung entstand unbewußt, als ob ihre Nähe ihm ein schützender Talisman seyn würde, und sie strebte mit von Angst vermehrter Eil ihn zu erreichen.

Die kleinen Auffenthalte der Reise vermehrten ihre Bangigkeit, wie die Gewalt der Schreckbilder, welche ihre Seele umlagerten, durch die Gespräche an den Orten wuchs, wo sie genöthigt war zu verweilen.

Gegen Abend hatte sie das Städtchen noch nicht erreicht, wo sie ihn zu treffen hoffte, und bei dessen Namen ein augenblicklicher Friede, ihr Luft zu hohlen, vergönnte. Das Wechseln der Pferde verursachte neuen Auffenthalt, sie ertrug das Harren nicht länger in Müssigkeit, und befahl daß der Wagen in der größten Eil nachkomme, indem sie die Straße zu Fuß voraufeilte.

Auf der Mittagsseite, umschränkte das Thal eine Felsenwand, in welcher die Natur Wölbungen gebildet hatte, und längs den Felsen zog sich ein Dorf hin. Ihre Aufmerksamkeit erregten Menschengruppen, die an den Wölbungen lauschten, nach Untergang deuteten, woher der Wind strich, und sich lebhaft unter einander besprachen. Sie wandte sich, um ihren Bedienten zu fragen: was der Anblick bedeute? indem schlug ein dumpfes Hallen kaum vernehmlich an ihr Ohr. Der Bediente hatte den Kopf zum Boden gebeugt, und erwiederte: in diesem Augenblick müsse in der Nähe ein Gefecht vorfallen, denn was man höre, sei wie Laut von Geschütz, und an den Felsen mögte der Hall noch vernehmlicher seyn, vom gehemmten Luftstrom.

Heloise schauderte in sich herab, in unergründlichem Weh; ihr entstanden Luft und Kräfte, sie mußte sich an einem Baumstamm halten; der Wind strich schärfer über das Feld, und der schreckliche Hall erschallte deutlicher und rasch wiederhohlt. Er spannte ihre Seele wieder, sie hätte Alles hören mögen, bei Allem gegenwärtig seyn, die Bilder einer Schlacht verlohren ihre Gräuel vor dieser Pein der Ungewißheit.

Indem nahte ihr Wagen. Ihre zusammentreffenden Leute unterredeten sich über das, was sie gehört, voll Besorgniß vorwärts zu gehen, auf die Gegend zu, woher das Geschütz schallte; ein Landmann kam von den Felsen über den Anger gelaufen, und rieth, die junge Dame solle umkehren, sich nicht in Gefahr geben. Heloise befahl mit der höchsten Gewalt, vorwärts. Sie warf sich zurück in den Wagen, keinen Laut zu vernehmen; dann spannte sie alle Gehörnerven an, daß ihr keiner entginge; sie trieb zur Eil mit der größten Hast.

Es wurde Nacht, der Schall des Geschützes klang immer vernehmlicher, die Dörfer waren nicht nächtlich öde: es wachten die Bewohner und riefen den Reisenden zu: wo das Gefecht seyn müsse; und ermahnten sie zu warten: »siegen die Unsrigen nicht, wendet der Feind sich nicht diesseits.« Er habe wahrscheinlich den General überfallen, der in dem Städtchen gestanden. Es war sein Name. Was sollte ihr Sicherheit, da er in Gefahr schwebte. Sie warf sich in dem Wagen auf die Knie, mit gerungenen Händen, sie rief ihrem Freund zu, daß sie komme, sie flehte ihn, sie flehte Gott, sie flehte die Luft um Schonung für sein Leben; dann erstarrte ihr Bewußtseyn, und nur ein krampfhafter Schmerz wand sich durch ihre Sinne.

Einige peinvolle Stunden schlichen dahin: plötzlich hörte sie von außen: es brennt!

Nicht zu fern an der Tiefe des Horizontes erschien das Feuerzeichen. Der Hall des Geschützes hielt bald darauf inne. Sie starrte in die Gluthströme, die aufstiegen und einsanken; dort war also die Gegend, dort, dort war er, aber kein Laut drang mehr durch diese Entfernung; der Hall des Geschützes ertönte nicht länger.

Es schien vorüber! Ihr Schicksal war entschieden. Die Stille versenkte sie in gänzliche Abspannung, es war nicht Ruhe; es war kein Leben mehr in ihrer Seele. Sie dachte unaufhörlich ihn, doch sein Bild stand unbeweglich, die Wallungen der Furcht und der Hoffnungen waren erschöpft.

Aus diesem Gemüthszustand riß sie das Rasseln der Räder auf gepflasterter Bahn, welche die Nähe einer Stadt verkündete. Ihr Herz begann aufs Neue zu schlagen; die Entscheidung nahete, sie sollte ihn finden, aber wie? Es schlug höher und höher, daß sein Arbeiten ihr den Athem raubte. Die gothische Masse des Städtchens erschien schwarz in dem Dunkel der Nacht, der Wagen hielt am Thore, es war gesperrt, und lange dauerte es, ehe auf Fragen von Innen, und Antworten ihrer Leute, das Thor endlich aufrasselte. Sie fuhr durch das niedrige lange Gewölbe desselben; und als innen der Wagen hielt, hörte sie, daß ihr Geliebter, auf Kundschaft von dem Vorhaben des Feindes, sich der Stadt durch Ueberraschung zu bemächtigen, demselben entgegengegangen sei, ihn in die Flucht geschlagen habe; und die Verwundeten, welche auf der entgegengesetzten Seite eingebracht wurden, berichteten, daß er noch in Verfolgung desselben begriffen sei; worauf er sich wol wieder auf die Stadt, in die Linie der Armee zurückziehen würde. Es herrschte öde Stille in diesem Theile der Stadt, aber je mehr sie dem Mittelpunkte nahten, je mehr belebten sich die Straßen; Seufzen, Geächz' der Verwundeten, Geschrei der Helfenden, scholl aus dem Gedränge, durch welches sie mit Mühe zu einem Gasthof gelangten.

Betäubt und zerstreut von diesen Nachrichten und diesem Anblick, eilte Heloise in ein Zimmer, zu welchem der Lärm nicht zu dringen vermogte. Es war ihr sonderbar, als sie sich gesammelt hatte, Licht gebracht wurde, und sie nun die Räume erkennen konnte, daß nun bald, daß hier, sie ihn sehen sollte. Sein Bild, die Vorstellung des Wiedersehens erregten in ihr die gewohnte Ruhe der Liebe, das Vergangene mit seinen trüben Ahnungen versank vor der Hoffnung, die wie ein neues Morgenlicht aufzudämmern begann.

Sie lauschte auf jedes Geräusch, in Erwartung seinen Tritt zu hören. Auf einmal schlug der Klang aller Glocken, dumpf und langsam an ihr Ohr. Es fuhr wie der Tod in ihre Brust. Im Hause hörte sie Menschen die Treppe herab eilen, Rufen und Jammern, sie hörte den Namen ihres Geliebten; geblieben, todt, mehr konnte sie nicht unterscheiden, sie wollte fragen, sie vermogte es nicht, ihre Leute stürzten herein, und bestätigten was sie entsetzte; sie griff an ihr Herz, und sank leblos zurück.

Als sie aus der Bewußtlosigkeit erwachte, war der erste Eindruck, daß es Tag sei, und der nächste, daß er nicht mehr sei. Und dieser riß mit ungeheurem Schmerz sie wieder in das Leben zurück. Sie starrte umher, da fiel ihr Auge auf ein Tuch, das mit Blut befleckt neben ihr lag. Sie erkannte das Gewirk; es war ihre Arbeit, es hatte ihre Brust einst verhüllt, sie hatte es ihm geschenkt: sein letztes Lebensblut klebte daran. Sie nahm es, sie drückte es an sich, ihr Schmerz brach in Thränen aus.

So fand sie sein Waffengefährte, sein Jugendfreund, als er stumm zu ihr trat. Aber sie winkte ihn von sich, denn ein Geschick, wie das ihre, faßt sich nur in der Einsamkeit.

Aber wie allmählig ihre Seele sich den Vorstellungen wieder erschloß, ertheilte er ihr den einzigen Trost, dessen sie empfänglich war. Er erzählte ihr jeden Zug aus den letzten Lebenstagen seines Freundes; er sagte ihr, wie viel sie ihm gewesen: wie, wenn der Drang des Krieges seine Gedanken, seine Kräfte fortgerissen, eine Erinnerung an Sie, die Gewißheit ihrer Liebe, ihn mit all' der stillen Heiterkeit bereichert habe, welche der Genuß einer friedlichen Heimath gewährt.

Seine letzte Rede war der Wunsch gewesen, daß sie gleichsam als seine Witwe, bei seiner Familie, an dem Ort seiner Geburt leben mögte: seine Einrichtungen erhalten, seine Anstalten fortführen. Seine letzte Bewegung war, ihr Tuch von der Brust zu nehmen, es dem Freunde zu reichen für sie.

Allmählig erwachte Entschluß in ihrer Brust.

Einst nach einem solchen Gespräch erhub sie sich bewegter, und mit einer gewissen Feierlichkeit; sie dankte ihm für seine Freundschaft gegen den Geliebten, die er ihm noch nach dem Tode, in der Sorge für sie, bewahrt hatte, sie sagte ihm, daß sie diesen Ort verlassen werde, und verlangte den letzten Beweiß seiner Sorgfalt, daß er sie zum Grabe ihres Geliebten begleite.

Ihre Erschütterung bei diesen Worten, hielt ihn ab zu antworten, aber sie hatte sogleich die Fassung wiedergefunden, und er vertraute der Kraft ihrer Seele.

Der Sarg stand in dem Gewölbe der Hauptkirche. Der Gang schien sie zu erschöpfen, sie stieg die Stufen hinab mit Schwanken, und winkte, allein zu bleiben. Er verließ sie ungern.

Wie sie sich von Zeugen befreit sah, schritt sie heftig auf den Sarg zu, ihr Auge glühte von Liebe, ihre Brust schlug, sie sank auf die Knie, und breitete wieder die Arme aus, voll Entzücken. Dann berührte sie den Sarg mit der Hand, mit der Brust, mit der Stirne, und blieb lange still in sich verlohren.

Als sie zurückkamen, wartete ihr Wagen vor der Thür der Kirche. Sie reichte seinem Freunde die Hand, sagte ihm Lebewohl, und daß sie jetzt nach dem Geburtslande des Geliebten eile.

Ueberall fand sie dort die Spuren seines Wirkens. Schmerz, Andenken und Beschäftigung traten an die Stelle des Liebesglückes. Sein Leben, das der Sturm der Zeit dahingenommen, führte sie in seinem Geiste fort. Aber sie blieb nicht lange einsam, denn in der Frische der Jahre, in der Kraft des Gefühls, welches ihr Leben beseelt hatte, ehe es von der Zeit geschwächt, von Ereignissen zerstreut worden, nahm der Tod auch sie hinweg.
